This Cheer Coach Planner & Log Book Belongs To:

_____

_____

_____

CHECKLIST & IMPORTANT DATES

FIRST DAY OF SIGN-UPS: _____

LAST DAY OF SIGN-UPS: _____

PAPERWORK REQUIRED TO PARTICIPATE: _____

_____

_____

UNIFORMS & SHOES

VENDOR: _____

ORDER FABRIC SWATCHES BY: _____

ORDER UNIFORMS BY: _____

ALWAYS ALLOW AT LEAST ONE WEEK FOR FABRIC SWATCHES AND EIGHT WEEKS FOR UNIFORMS TO ARRIVE,
DEPEPNDING ON THE TIME OF YEAR ORDERED

POMS AND MEGAPHONES

VENDOR: _____

ORDER POM SWATCHES & SAMPLES BY: _____

ORDER POMS BY: _____

ALWAYS ALLOW AT LEAST ONE WEEK FOR SWATCHES TO ARRIVE. CUSTOM POM SAMPLES MAY TAKE SEVERAL WEEKS
IF THEY HAVE TO BE MANUFACTURED. ALLOW UP TO EIGHT WEEKS FOR POMS TO ARRIVE ONCE ORDERED.
ORDER AHEAD AND ALWAYS ORDER AT LEAST ONE EXTRA SET FOR EMERGENCIES

*HINT: STANDARD POMS WITH 3/4" STRAND WIDTH ARE MADE FASTER THAN OTHER SIZES. EXTRA WIDE POMS,
2" STRAND WITDH, WILL TAKE THE LONGEST TO PRODUCE AS THEY ARE EXTREMELY TIME CONSUMING TO FLUFF.

*HINT: WHEN ORDERING POMS, THE LONGER & SKINNIER THE STRAND IS, THE FLOPPIER THE POM WILL BE. THE SHORTER
AND WIDER THE STRANDS ARE, THE BETTER THE POM WILL KEEP IT'S SHAPE.

CHECKLIST & IMPORTANT DATES

FIRST DAY OF PRACTICE: _____

GOALS OF FIRST PRACTICE: _____

_____

_____

_____

EXPECTATIONS SET OUT TO TEAM AT FIRST PRACTICE: _____

_____

_____

_____

IDEAS ON THEME & MUSIC FOR THE YEAR: _____

_____

_____

ORDER MUSIC BY: _____

MUSIC MIX VENDOR: _____

FUNDRAISING FOR THE SEASON

OVERALL COST ASSOCIATED WITH CHEER TEAM PARTICIPATION: _____

COST PER PARTICIPANT FOR THE SEASON: _____

FUNDRAISING IDEAS: _____

_____

_____

FUNDRAISING GOALS: _____

FUNDRAISING VENDORS: _____

CHECKLIST & IMPORTANT DATES

FIRST GAME DAY: _____

FIRST COMPETITION DAY: _____

HAS REQUIRED PAPERWORK TO PARTICIPATE BEEN RECEIVED: _____

PARENT PARTICIPATION & VOLUNTEERS

PARENT/VOLUNTEER NAME & PHONE NUMBER: _____

VOLUNTEER POSITION: _____

PARENT/VOLUNTEER NAME & PHONE NUMBER: _____

VOLUNTEER POSITION: _____

PARENT/VOLUNTEER NAME & PHONE NUMBER: _____

VOLUNTEER POSITION: _____

PARENT/VOLUNTEER NAME & PHONE NUMBER: _____

VOLUNTEER POSITION: _____

PARENT/VOLUNTEER NAME & PHONE NUMBER: _____

VOLUNTEER POSITION: _____

PARENT/VOLUNTEER NAME & PHONE NUMBER: _____

VOLUNTEER POSITION: _____

PARENT/VOLUNTEER NAME & PHONE NUMBER: _____

VOLUNTEER POSITION: _____

PARENT/VOLUNTEER NAME & PHONE NUMBER: _____

VOLUNTEER POSITION: _____

PARENT/VOLUNTEER NAME & PHONE NUMBER: _____

VOLUNTEER POSITION: _____

PARENT/VOLUNTEER NAME & PHONE NUMBER: _____

VOLUNTEER POSITION: _____

CHECKLIST & IMPORTANT DATES

PARENT PARTICIPATION & VOLUNTEERS

PARENT / VOLUNTEER NAME & PHONE NUMBER: _____

VOLUNTEER POSITION: _____

PARENT / VOLUNTEER NAME & PHONE NUMBER: _____

VOLUNTEER POSITION: _____

PARENT / VOLUNTEER NAME & PHONE NUMBER: _____

VOLUNTEER POSITION: _____

PARENT / VOLUNTEER NAME & PHONE NUMBER: _____

VOLUNTEER POSITION: _____

PARENT / VOLUNTEER NAME & PHONE NUMBER: _____

VOLUNTEER POSITION: _____

PARENT / VOLUNTEER NAME & PHONE NUMBER: _____

VOLUNTEER POSITION: _____

PARENT / VOLUNTEER NAME & PHONE NUMBER: _____

VOLUNTEER POSITION: _____

PARENT / VOLUNTEER NAME & PHONE NUMBER: _____

VOLUNTEER POSITION: _____

PARENT / VOLUNTEER NAME & PHONE NUMBER: _____

VOLUNTEER POSITION: _____

PARENT / VOLUNTEER NAME & PHONE NUMBER: _____

VOLUNTEER POSITION: _____

PARENT / VOLUNTEER NAME & PHONE NUMBER: _____

VOLUNTEER POSITION: _____

PARENT / VOLUNTEER NAME & PHONE NUMBER: _____

VOLUNTEER POSITION: _____

CHECKLIST & IMPORTANT DATES

GAME DAY DATES & NOTES:

CHECKLIST & IMPORTANT DATES

COMPETITION DATES & NOTES:

NOTES

NOTES

MONTH: _____

Sunday	Monday	Tuesday	Wednesday	Thursday	Friday	Saturday

MONTH: _____

Sunday	Monday	Tuesday	Wednesday	Thursday	Friday	Saturday

MONTH: _____

Sunday	Monday	Tuesday	Wednesday	Thursday	Friday	Saturday

MONTH: _____

Sunday	Monday	Tuesday	Wednesday	Thursday	Friday	Saturday

MONTH: _____

Sunday	Monday	Tuesday	Wednesday	Thursday	Friday	Saturday

MONTH: _____

Sunday	Monday	Tuesday	Wednesday	Thursday	Friday	Saturday

MONTH: _____

Sunday	Monday	Tuesday	Wednesday	Thursday	Friday	Saturday

MONTH: _____

Sunday	Monday	Tuesday	Wednesday	Thursday	Friday	Saturday

MONTH: _____

Sunday	Monday	Tuesday	Wednesday	Thursday	Friday	Saturday

MONTH: _____

Sunday	Monday	Tuesday	Wednesday	Thursday	Friday	Saturday

MONTH: _____

Sunday	Monday	Tuesday	Wednesday	Thursday	Friday	Saturday

MONTH: _____

Sunday	Monday	Tuesday	Wednesday	Thursday	Friday	Saturday

DATE: _____

PRACTICE OR REHEARSAL: _____
LOCATION: _____
TIME START / END: _____

ATTENDANCE

NO SHOWS: _____
_____

EXCUSED ABSENCE: _____
_____

PARTICIPATION

BEST PARTICIPANT & REASON: _____
WORST PARTICIPANT & REASON: _____

OVERALL FOCUS

WHAT NEEDS WORK: _____
WHAT WORKED: _____
WHAT NEEDS CHANGING: _____
INDIVIDUAL HELP NEEDED FOR: _____
_____
_____

INSPIRATION OF THE DAY: _____
_____

DATE: _____

PRACTICE OR REHEARSAL: _____
LOCATION: _____
TIME START / END: _____

ATTENDANCE

NO SHOWS: _____
_____
EXCUSED ABSENCE: _____
_____

PARTICIPATION

BEST PARTICIPANT & REASON: _____
WORST PARTICIPANT & REASON: _____

OVERALL FOCUS

WHAT NEEDS WORK: _____
WHAT WORKED: _____
WHAT NEEDS CHANGING: _____
INDIVIDUAL HELP NEEDED FOR: _____
_____
_____

INSPIRATION OF THE DAY: _____
_____

DATE: _____

PRACTICE OR REHEARSAL: _____

LOCATION: _____

TIME START / END: _____

ATTENDANCE

NO SHOWS: _____

_____

EXCUSED ABSENCE: _____

_____

PARTICIPATION

BEST PARTICIPANT & REASON: _____

WORST PARTICIPANT & REASON: _____

OVERALL FOCUS

WHAT NEEDS WORK: _____

WHAT WORKED: _____

WHAT NEEDS CHANGING: _____

INDIVIDUAL HELP NEEDED FOR: _____

_____

_____

INSPIRATION OF THE DAY: _____

_____

DATE: _____

PRACTICE OR REHEARSAL: _____

LOCATION: _____

TIME START / END: _____

ATTENDANCE

NO SHOWS: _____

_____

EXCUSED ABSENCE: _____

_____

PARTICIPATION

BEST PARTICIPANT & REASON: _____

WORST PARTICIPANT & REASON: _____

OVERALL FOCUS

WHAT NEEDS WORK: _____

WHAT WORKED: _____

WHAT NEEDS CHANGING: _____

INDIVIDUAL HELP NEEDED FOR: _____

_____

_____

INSPIRATION OF THE DAY: _____

_____

DATE: _____

PRACTICE OR REHEARSAL: _____

LOCATION: _____

TIME START / END: _____

ATTENDANCE

NO SHOWS: _____

_____

EXCUSED ABSENCE: _____

_____

PARTICIPATION

BEST PARTICIPANT & REASON: _____

WORST PARTICIPANT & REASON: _____

OVERALL FOCUS

WHAT NEEDS WORK: _____

WHAT WORKED: _____

WHAT NEEDS CHANGING: _____

INDIVIDUAL HELP NEEDED FOR: _____

_____

_____

INSPIRATION OF THE DAY: _____

_____

DATE: _____

PRACTICE OR REHEARSAL: _____

LOCATION: _____

TIME START / END: _____

ATTENDANCE

NO SHOWS: _____

_____

EXCUSED ABSENCE: _____

_____

PARTICIPATION

BEST PARTICIPANT & REASON: _____

WORST PARTICIPANT & REASON: _____

OVERALL FOCUS

WHAT NEEDS WORK: _____

WHAT WORKED: _____

WHAT NEEDS CHANGING: _____

INDIVIDUAL HELP NEEDED FOR: _____

_____

_____

INSPIRATION OF THE DAY: _____

_____

DATE: _____

PRACTICE OR REHEARSAL: _____

LOCATION: _____

TIME START / END: _____

ATTENDANCE

NO SHOWS: _____

_____

EXCUSED ABSENCE: _____

_____

PARTICIPATION

BEST PARTICIPANT & REASON: _____

WORST PARTICIPANT & REASON: _____

OVERALL FOCUS

WHAT NEEDS WORK: _____

WHAT WORKED: _____

WHAT NEEDS CHANGING: _____

INDIVIDUAL HELP NEEDED FOR: _____

_____

_____

INSPIRATION OF THE DAY: _____

_____

DATE: _____

PRACTICE OR REHEARSAL: _____

LOCATION: _____

TIME START / END: _____

ATTENDANCE

NO SHOWS: _____

_____

EXCUSED ABSENCE: _____

_____

PARTICIPATION

BEST PARTICIPANT & REASON: _____

WORST PARTICIPANT & REASON: _____

OVERALL FOCUS

WHAT NEEDS WORK: _____

WHAT WORKED: _____

WHAT NEEDS CHANGING: _____

INDIVIDUAL HELP NEEDED FOR: _____

_____

_____

INSPIRATION OF THE DAY: _____

_____

DATE: _____

PRACTICE OR REHEARSAL: _____
LOCATION: _____
TIME START / END: _____

ATTENDANCE

NO SHOWS: _____
_____

EXCUSED ABSENCE: _____
_____

PARTICIPATION

BEST PARTICIPANT & REASON: _____
WORST PARTICIPANT & REASON: _____

OVERALL FOCUS

WHAT NEEDS WORK: _____
WHAT WORKED: _____
WHAT NEEDS CHANGING: _____
INDIVIDUAL HELP NEEDED FOR: _____
_____
_____

INSPIRATION OF THE DAY: _____
_____

DATE: _____

PRACTICE OR REHEARSAL: _____

LOCATION: _____

TIME START / END: _____

ATTENDANCE

NO SHOWS: _____

_____

EXCUSED ABSENCE: _____

_____

PARTICIPATION

BEST PARTICIPANT & REASON: _____

WORST PARTICIPANT & REASON: _____

OVERALL FOCUS

WHAT NEEDS WORK: _____

WHAT WORKED: _____

WHAT NEEDS CHANGING: _____

INDIVIDUAL HELP NEEDED FOR: _____

_____

_____

INSPIRATION OF THE DAY: _____

_____

DATE: _____

PRACTICE OR REHEARSAL: _____

LOCATION: _____

TIME START / END: _____

ATTENDANCE

NO SHOWS: _____

_____

EXCUSED ABSENCE: _____

_____

PARTICIPATION

BEST PARTICIPANT & REASON: _____

WORST PARTICIPANT & REASON: _____

OVERALL FOCUS

WHAT NEEDS WORK: _____

WHAT WORKED: _____

WHAT NEEDS CHANGING: _____

INDIVIDUAL HELP NEEDED FOR: _____

_____

_____

INSPIRATION OF THE DAY: _____

_____

DATE: _____

PRACTICE OR REHEARSAL: _____

LOCATION: _____

TIME START / END: _____

ATTENDANCE

NO SHOWS: _____

_____

EXCUSED ABSENCE: _____

_____

PARTICIPATION

BEST PARTICIPANT & REASON: _____

WORST PARTICIPANT & REASON: _____

OVERALL FOCUS

WHAT NEEDS WORK: _____

WHAT WORKED: _____

WHAT NEEDS CHANGING: _____

INDIVIDUAL HELP NEEDED FOR: _____

_____

_____

INSPIRATION OF THE DAY: _____

_____

DATE: _____

PRACTICE OR REHEARSAL: _____
LOCATION: _____
TIME START / END: _____

ATTENDANCE

NO SHOWS: _____
_____

EXCUSED ABSENCE: _____
_____

PARTICIPATION

BEST PARTICIPANT & REASON: _____
WORST PARTICIPANT & REASON: _____

OVERALL FOCUS

WHAT NEEDS WORK: _____
WHAT WORKED: _____
WHAT NEEDS CHANGING: _____
INDIVIDUAL HELP NEEDED FOR: _____
_____
_____

INSPIRATION OF THE DAY: _____
_____

DATE: _____

PRACTICE OR REHEARSAL: _____

LOCATION: _____

TIME START / END: _____

ATTENDANCE

NO SHOWS: _____

_____

EXCUSED ABSENCE: _____

_____

PARTICIPATION

BEST PARTICIPANT & REASON: _____

WORST PARTICIPANT & REASON: _____

OVERALL FOCUS

WHAT NEEDS WORK: _____

WHAT WORKED: _____

WHAT NEEDS CHANGING: _____

INDIVIDUAL HELP NEEDED FOR: _____

_____

_____

INSPIRATION OF THE DAY: _____

_____

DATE: _____

PRACTICE OR REHEARSAL: _____

LOCATION: _____

TIME START / END: _____

ATTENDANCE

NO SHOWS: _____

_____

EXCUSED ABSENCE: _____

_____

PARTICIPATION

BEST PARTICIPANT & REASON: _____

WORST PARTICIPANT & REASON: _____

OVERALL FOCUS

WHAT NEEDS WORK: _____

WHAT WORKED: _____

WHAT NEEDS CHANGING: _____

INDIVIDUAL HELP NEEDED FOR: _____

_____

_____

INSPIRATION OF THE DAY: _____

_____

DATE: _____

PRACTICE OR REHEARSAL: _____

LOCATION: _____

TIME START / END: _____

ATTENDANCE

NO SHOWS: _____

_____

EXCUSED ABSENCE: _____

_____

PARTICIPATION

BEST PARTICIPANT & REASON: _____

WORST PARTICIPANT & REASON: _____

OVERALL FOCUS

WHAT NEEDS WORK: _____

WHAT WORKED: _____

WHAT NEEDS CHANGING: _____

INDIVIDUAL HELP NEEDED FOR: _____

_____

_____

INSPIRATION OF THE DAY: _____

_____

DATE: _____

PRACTICE OR REHEARSAL: _____

LOCATION: _____

TIME START / END: _____

ATTENDANCE

NO SHOWS: _____

_____

EXCUSED ABSENCE: _____

_____

PARTICIPATION

BEST PARTICIPANT & REASON: _____

WORST PARTICIPANT & REASON: _____

OVERALL FOCUS

WHAT NEEDS WORK: _____

WHAT WORKED: _____

WHAT NEEDS CHANGING: _____

INDIVIDUAL HELP NEEDED FOR: _____

_____

_____

INSPIRATION OF THE DAY: _____

_____

DATE: _____

PRACTICE OR REHEARSAL: _____

LOCATION: _____

TIME START / END: _____

ATTENDANCE

NO SHOWS: _____

_____

EXCUSED ABSENCE: _____

_____

PARTICIPATION

BEST PARTICIPANT & REASON: _____

WORST PARTICIPANT & REASON: _____

OVERALL FOCUS

WHAT NEEDS WORK: _____

WHAT WORKED: _____

WHAT NEEDS CHANGING: _____

INDIVIDUAL HELP NEEDED FOR: _____

_____

_____

INSPIRATION OF THE DAY: _____

_____

DATE: _____

PRACTICE OR REHEARSAL: _____

LOCATION: _____

TIME START / END: _____

ATTENDANCE

NO SHOWS: _____
_____

EXCUSED ABSENCE: _____
_____

PARTICIPATION

BEST PARTICIPANT & REASON: _____

WORST PARTICIPANT & REASON: _____

OVERALL FOCUS

WHAT NEEDS WORK: _____

WHAT WORKED: _____

WHAT NEEDS CHANGING: _____

INDIVIDUAL HELP NEEDED FOR: _____
_____
_____

INSPIRATION OF THE DAY: _____
_____

DATE: _____

PRACTICE OR REHEARSAL: _____

LOCATION: _____

TIME START / END: _____

ATTENDANCE

NO SHOWS: _____

_____

EXCUSED ABSENCE: _____

_____

PARTICIPATION

BEST PARTICIPANT & REASON: _____

WORST PARTICIPANT & REASON: _____

OVERALL FOCUS

WHAT NEEDS WORK: _____

WHAT WORKED: _____

WHAT NEEDS CHANGING: _____

INDIVIDUAL HELP NEEDED FOR: _____

_____

_____

INSPIRATION OF THE DAY: _____

_____

DATE: _____

PRACTICE OR REHEARSAL: _____

LOCATION: _____

TIME START / END: _____

ATTENDANCE

NO SHOWS: _____

_____

EXCUSED ABSENCE: _____

_____

PARTICIPATION

BEST PARTICIPANT & REASON: _____

WORST PARTICIPANT & REASON: _____

OVERALL FOCUS

WHAT NEEDS WORK: _____

WHAT WORKED: _____

WHAT NEEDS CHANGING: _____

INDIVIDUAL HELP NEEDED FOR: _____

_____

_____

INSPIRATION OF THE DAY: _____

_____

DATE: _____

PRACTICE OR REHEARSAL: _____
LOCATION: _____
TIME START / END: _____

ATTENDANCE

NO SHOWS: _____
_____
EXCUSED ABSENCE: _____
_____

PARTICIPATION

BEST PARTICIPANT & REASON: _____
WORST PARTICIPANT & REASON: _____

OVERALL FOCUS

WHAT NEEDS WORK: _____
WHAT WORKED: _____
WHAT NEEDS CHANGING: _____
INDIVIDUAL HELP NEEDED FOR: _____
_____
_____

INSPIRATION OF THE DAY: _____
_____

DATE: _____

PRACTICE OR REHEARSAL: _____

LOCATION: _____

TIME START / END: _____

ATTENDANCE

NO SHOWS: _____

_____

EXCUSED ABSENCE: _____

_____

PARTICIPATION

BEST PARTICIPANT & REASON: _____

WORST PARTICIPANT & REASON: _____

OVERALL FOCUS

WHAT NEEDS WORK: _____

WHAT WORKED: _____

WHAT NEEDS CHANGING: _____

INDIVIDUAL HELP NEEDED FOR: _____

_____

_____

INSPIRATION OF THE DAY: _____

_____

DATE: _____

PRACTICE OR REHEARSAL: _____

LOCATION: _____

TIME START / END: _____

ATTENDANCE

NO SHOWS: _____

_____

EXCUSED ABSENCE: _____

_____

PARTICIPATION

BEST PARTICIPANT & REASON: _____

WORST PARTICIPANT & REASON: _____

OVERALL FOCUS

WHAT NEEDS WORK: _____

WHAT WORKED: _____

WHAT NEEDS CHANGING: _____

INDIVIDUAL HELP NEEDED FOR: _____

_____

_____

INSPIRATION OF THE DAY: _____

_____

DATE: _____

PRACTICE OR REHEARSAL: _____

LOCATION: _____

TIME START / END: _____

ATTENDANCE

NO SHOWS: _____

_____

EXCUSED ABSENCE: _____

_____

PARTICIPATION

BEST PARTICIPANT & REASON: _____

WORST PARTICIPANT & REASON: _____

OVERALL FOCUS

WHAT NEEDS WORK: _____

WHAT WORKED: _____

WHAT NEEDS CHANGING: _____

INDIVIDUAL HELP NEEDED FOR: _____

_____

_____

INSPIRATION OF THE DAY: _____

_____

DATE: _____

PRACTICE OR REHEARSAL: _____

LOCATION: _____

TIME START / END: _____

ATTENDANCE

NO SHOWS: _____

_____

EXCUSED ABSENCE: _____

_____

PARTICIPATION

BEST PARTICIPANT & REASON: _____

WORST PARTICIPANT & REASON: _____

OVERALL FOCUS

WHAT NEEDS WORK: _____

WHAT WORKED: _____

WHAT NEEDS CHANGING: _____

INDIVIDUAL HELP NEEDED FOR: _____

_____

_____

INSPIRATION OF THE DAY: _____

_____

DATE: _____

PRACTICE OR REHEARSAL: _____

LOCATION: _____

TIME START / END: _____

ATTENDANCE

NO SHOWS: _____

_____

EXCUSED ABSENCE: _____

_____

PARTICIPATION

BEST PARTICIPANT & REASON: _____

WORST PARTICIPANT & REASON: _____

OVERALL FOCUS

WHAT NEEDS WORK: _____

WHAT WORKED: _____

WHAT NEEDS CHANGING: _____

INDIVIDUAL HELP NEEDED FOR: _____

_____

_____

INSPIRATION OF THE DAY: _____

_____

DATE: _____

PRACTICE OR REHEARSAL: _____

LOCATION: _____

TIME START / END: _____

ATTENDANCE

NO SHOWS: _____

_____

EXCUSED ABSENCE: _____

_____

PARTICIPATION

BEST PARTICIPANT & REASON: _____

WORST PARTICIPANT & REASON: _____

OVERALL FOCUS

WHAT NEEDS WORK: _____

WHAT WORKED: _____

WHAT NEEDS CHANGING: _____

INDIVIDUAL HELP NEEDED FOR: _____

_____

_____

INSPIRATION OF THE DAY: _____

_____

DATE: _____

PRACTICE OR REHEARSAL: _____

LOCATION: _____

TIME START / END: _____

ATTENDANCE

NO SHOWS: _____

_____

EXCUSED ABSENCE: _____

_____

PARTICIPATION

BEST PARTICIPANT & REASON: _____

WORST PARTICIPANT & REASON: _____

OVERALL FOCUS

WHAT NEEDS WORK: _____

WHAT WORKED: _____

WHAT NEEDS CHANGING: _____

INDIVIDUAL HELP NEEDED FOR: _____

_____

_____

INSPIRATION OF THE DAY: _____

_____

DATE: _____

PRACTICE OR REHEARSAL: _____

LOCATION: _____

TIME START / END: _____

ATTENDANCE

NO SHOWS: _____

_____

EXCUSED ABSENCE: _____

_____

PARTICIPATION

BEST PARTICIPANT & REASON: _____

WORST PARTICIPANT & REASON: _____

OVERALL FOCUS

WHAT NEEDS WORK: _____

WHAT WORKED: _____

WHAT NEEDS CHANGING: _____

INDIVIDUAL HELP NEEDED FOR: _____

_____

_____

INSPIRATION OF THE DAY: _____

_____

DATE: _____

PRACTICE OR REHEARSAL: _____

LOCATION: _____

TIME START / END: _____

ATTENDANCE

NO SHOWS: _____

_____

EXCUSED ABSENCE: _____

_____

PARTICIPATION

BEST PARTICIPANT & REASON: _____

WORST PARTICIPANT & REASON: _____

OVERALL FOCUS

WHAT NEEDS WORK: _____

WHAT WORKED: _____

WHAT NEEDS CHANGING: _____

INDIVIDUAL HELP NEEDED FOR: _____

_____

_____

INSPIRATION OF THE DAY: _____

_____

DATE: _____

PRACTICE OR REHEARSAL: _____

LOCATION: _____

TIME START / END: _____

ATTENDANCE

NO SHOWS: _____

_____

EXCUSED ABSENCE: _____

_____

PARTICIPATION

BEST PARTICIPANT & REASON: _____

WORST PARTICIPANT & REASON: _____

OVERALL FOCUS

WHAT NEEDS WORK: _____

WHAT WORKED: _____

WHAT NEEDS CHANGING: _____

INDIVIDUAL HELP NEEDED FOR: _____

_____

_____

INSPIRATION OF THE DAY: _____

_____

DATE: _____

PRACTICE OR REHEARSAL: _____

LOCATION: _____

TIME START / END: _____

ATTENDANCE

NO SHOWS: _____

_____

EXCUSED ABSENCE: _____

_____

PARTICIPATION

BEST PARTICIPANT & REASON: _____

WORST PARTICIPANT & REASON: _____

OVERALL FOCUS

WHAT NEEDS WORK: _____

WHAT WORKED: _____

WHAT NEEDS CHANGING: _____

INDIVIDUAL HELP NEEDED FOR: _____

_____

_____

INSPIRATION OF THE DAY: _____

_____

DATE: _____

PRACTICE OR REHEARSAL: _____

LOCATION: _____

TIME START / END: _____

ATTENDANCE

NO SHOWS: _____

_____

EXCUSED ABSENCE: _____

_____

PARTICIPATION

BEST PARTICIPANT & REASON: _____

WORST PARTICIPANT & REASON: _____

OVERALL FOCUS

WHAT NEEDS WORK: _____

WHAT WORKED: _____

WHAT NEEDS CHANGING: _____

INDIVIDUAL HELP NEEDED FOR: _____

_____

_____

INSPIRATION OF THE DAY: _____

_____

DATE: _____

PRACTICE OR REHEARSAL: _____

LOCATION: _____

TIME START / END: _____

ATTENDANCE

NO SHOWS: _____

_____

EXCUSED ABSENCE: _____

_____

PARTICIPATION

BEST PARTICIPANT & REASON: _____

WORST PARTICIPANT & REASON: _____

OVERALL FOCUS

WHAT NEEDS WORK: _____

WHAT WORKED: _____

WHAT NEEDS CHANGING: _____

INDIVIDUAL HELP NEEDED FOR: _____

_____

_____

INSPIRATION OF THE DAY: _____

_____

DATE: _____

PRACTICE OR REHEARSAL: _____

LOCATION: _____

TIME START / END: _____

ATTENDANCE

NO SHOWS: _____

_____

EXCUSED ABSENCE: _____

_____

PARTICIPATION

BEST PARTICIPANT & REASON: _____

WORST PARTICIPANT & REASON: _____

OVERALL FOCUS

WHAT NEEDS WORK: _____

WHAT WORKED: _____

WHAT NEEDS CHANGING: _____

INDIVIDUAL HELP NEEDED FOR: _____

_____

_____

INSPIRATION OF THE DAY: _____

_____

DATE: _____

PRACTICE OR REHEARSAL: _____
LOCATION: _____
TIME START / END: _____

ATTENDANCE

NO SHOWS: _____
_____

EXCUSED ABSENCE: _____
_____

PARTICIPATION

BEST PARTICIPANT & REASON: _____
WORST PARTICIPANT & REASON: _____

OVERALL FOCUS

WHAT NEEDS WORK: _____
WHAT WORKED: _____
WHAT NEEDS CHANGING: _____
INDIVIDUAL HELP NEEDED FOR: _____
_____
_____

INSPIRATION OF THE DAY: _____
_____

DATE: _____

PRACTICE OR REHEARSAL: _____

LOCATION: _____

TIME START / END: _____

ATTENDANCE

NO SHOWS: _____

_____

EXCUSED ABSENCE: _____

_____

PARTICIPATION

BEST PARTICIPANT & REASON: _____

WORST PARTICIPANT & REASON: _____

OVERALL FOCUS

WHAT NEEDS WORK: _____

WHAT WORKED: _____

WHAT NEEDS CHANGING: _____

INDIVIDUAL HELP NEEDED FOR: _____

_____

_____

INSPIRATION OF THE DAY: _____

_____

DATE: _____

PRACTICE OR REHEARSAL: _____

LOCATION: _____

TIME START / END: _____

ATTENDANCE

NO SHOWS: _____

_____

EXCUSED ABSENCE: _____

_____

PARTICIPATION

BEST PARTICIPANT & REASON: _____

WORST PARTICIPANT & REASON: _____

OVERALL FOCUS

WHAT NEEDS WORK: _____

WHAT WORKED: _____

WHAT NEEDS CHANGING: _____

INDIVIDUAL HELP NEEDED FOR: _____

_____

_____

INSPIRATION OF THE DAY: _____

_____

DATE: _____

PRACTICE OR REHEARSAL: _____

LOCATION: _____

TIME START / END: _____

ATTENDANCE

NO SHOWS: _____
_____

EXCUSED ABSENCE: _____
_____

PARTICIPATION

BEST PARTICIPANT & REASON: _____

WORST PARTICIPANT & REASON: _____

OVERALL FOCUS

WHAT NEEDS WORK: _____

WHAT WORKED: _____

WHAT NEEDS CHANGING: _____

INDIVIDUAL HELP NEEDED FOR: _____
_____
_____

INSPIRATION OF THE DAY: _____
_____

DATE: _____

PRACTICE OR REHEARSAL: _____

LOCATION: _____

TIME START / END: _____

ATTENDANCE

NO SHOWS: _____

_____

EXCUSED ABSENCE: _____

_____

PARTICIPATION

BEST PARTICIPANT & REASON: _____

WORST PARTICIPANT & REASON: _____

OVERALL FOCUS

WHAT NEEDS WORK: _____

WHAT WORKED: _____

WHAT NEEDS CHANGING: _____

INDIVIDUAL HELP NEEDED FOR: _____

_____

_____

INSPIRATION OF THE DAY: _____

_____

DATE: _____

PRACTICE OR REHEARSAL: _____

LOCATION: _____

TIME START / END: _____

ATTENDANCE

NO SHOWS: _____

_____

EXCUSED ABSENCE: _____

_____

PARTICIPATION

BEST PARTICIPANT & REASON: _____

WORST PARTICIPANT & REASON: _____

OVERALL FOCUS

WHAT NEEDS WORK: _____

WHAT WORKED: _____

WHAT NEEDS CHANGING: _____

INDIVIDUAL HELP NEEDED FOR: _____

_____

_____

INSPIRATION OF THE DAY: _____

_____

DATE: _____

PRACTICE OR REHEARSAL: _____

LOCATION: _____

TIME START / END: _____

ATTENDANCE

NO SHOWS: _____

_____

EXCUSED ABSENCE: _____

_____

PARTICIPATION

BEST PARTICIPANT & REASON: _____

WORST PARTICIPANT & REASON: _____

OVERALL FOCUS

WHAT NEEDS WORK: _____

WHAT WORKED: _____

WHAT NEEDS CHANGING: _____

INDIVIDUAL HELP NEEDED FOR: _____

_____

_____

INSPIRATION OF THE DAY: _____

_____

DATE: _____

PRACTICE OR REHEARSAL: _____

LOCATION: _____

TIME START / END: _____

ATTENDANCE

NO SHOWS: _____
_____

EXCUSED ABSENCE: _____
_____

PARTICIPATION

BEST PARTICIPANT & REASON: _____

WORST PARTICIPANT & REASON: _____

OVERALL FOCUS

WHAT NEEDS WORK: _____

WHAT WORKED: _____

WHAT NEEDS CHANGING: _____

INDIVIDUAL HELP NEEDED FOR: _____
_____
_____

INSPIRATION OF THE DAY: _____
_____

DATE: _____

PRACTICE OR REHEARSAL: _____

LOCATION: _____

TIME START / END: _____

ATTENDANCE

NO SHOWS: _____

_____

EXCUSED ABSENCE: _____

_____

PARTICIPATION

BEST PARTICIPANT & REASON: _____

WORST PARTICIPANT & REASON: _____

OVERALL FOCUS

WHAT NEEDS WORK: _____

WHAT WORKED: _____

WHAT NEEDS CHANGING: _____

INDIVIDUAL HELP NEEDED FOR: _____

_____

_____

INSPIRATION OF THE DAY: _____

_____

DATE: _____

PRACTICE OR REHEARSAL: _____
LOCATION: _____
TIME START / END: _____

ATTENDANCE

NO SHOWS: _____
_____

EXCUSED ABSENCE: _____
_____

PARTICIPATION

BEST PARTICIPANT & REASON: _____
WORST PARTICIPANT & REASON: _____

OVERALL FOCUS

WHAT NEEDS WORK: _____
WHAT WORKED: _____
WHAT NEEDS CHANGING: _____
INDIVIDUAL HELP NEEDED FOR: _____
_____
_____

INSPIRATION OF THE DAY: _____
_____

DATE: _____

PRACTICE OR REHEARSAL: _____

LOCATION: _____

TIME START / END: _____

ATTENDANCE

NO SHOWS: _____

_____

EXCUSED ABSENCE: _____

_____

PARTICIPATION

BEST PARTICIPANT & REASON: _____

WORST PARTICIPANT & REASON: _____

OVERALL FOCUS

WHAT NEEDS WORK: _____

WHAT WORKED: _____

WHAT NEEDS CHANGING: _____

INDIVIDUAL HELP NEEDED FOR: _____

_____

_____

INSPIRATION OF THE DAY: _____

_____

DATE: _____

PRACTICE OR REHEARSAL: _____

LOCATION: _____

TIME START / END: _____

ATTENDANCE

NO SHOWS: _____

_____

EXCUSED ABSENCE: _____

_____

PARTICIPATION

BEST PARTICIPANT & REASON: _____

WORST PARTICIPANT & REASON: _____

OVERALL FOCUS

WHAT NEEDS WORK: _____

WHAT WORKED: _____

WHAT NEEDS CHANGING: _____

INDIVIDUAL HELP NEEDED FOR: _____

_____

_____

INSPIRATION OF THE DAY: _____

_____

DATE: _____

PRACTICE OR REHEARSAL: _____

LOCATION: _____

TIME START / END: _____

ATTENDANCE

NO SHOWS: _____

_____

EXCUSED ABSENCE: _____

_____

PARTICIPATION

BEST PARTICIPANT & REASON: _____

WORST PARTICIPANT & REASON: _____

OVERALL FOCUS

WHAT NEEDS WORK: _____

WHAT WORKED: _____

WHAT NEEDS CHANGING: _____

INDIVIDUAL HELP NEEDED FOR: _____

_____

_____

INSPIRATION OF THE DAY: _____

_____

DATE: _____

PRACTICE OR REHEARSAL: _____

LOCATION: _____

TIME START / END: _____

ATTENDANCE

NO SHOWS: _____

_____

EXCUSED ABSENCE: _____

_____

PARTICIPATION

BEST PARTICIPANT & REASON: _____

WORST PARTICIPANT & REASON: _____

OVERALL FOCUS

WHAT NEEDS WORK: _____

WHAT WORKED: _____

WHAT NEEDS CHANGING: _____

INDIVIDUAL HELP NEEDED FOR: _____

_____

_____

INSPIRATION OF THE DAY: _____

_____

DATE: _____

PRACTICE OR REHEARSAL: _____

LOCATION: _____

TIME START / END: _____

ATTENDANCE

NO SHOWS: _____

_____

EXCUSED ABSENCE: _____

_____

PARTICIPATION

BEST PARTICIPANT & REASON: _____

WORST PARTICIPANT & REASON: _____

OVERALL FOCUS

WHAT NEEDS WORK: _____

WHAT WORKED: _____

WHAT NEEDS CHANGING: _____

INDIVIDUAL HELP NEEDED FOR: _____

_____

_____

INSPIRATION OF THE DAY: _____

_____

DATE: _____

PRACTICE OR REHEARSAL: _____

LOCATION: _____

TIME START / END: _____

ATTENDANCE

NO SHOWS: _____

_____

EXCUSED ABSENCE: _____

_____

PARTICIPATION

BEST PARTICIPANT & REASON: _____

WORST PARTICIPANT & REASON: _____

OVERALL FOCUS

WHAT NEEDS WORK: _____

WHAT WORKED: _____

WHAT NEEDS CHANGING: _____

INDIVIDUAL HELP NEEDED FOR: _____

_____

_____

INSPIRATION OF THE DAY: _____

_____

DATE: _____

PRACTICE OR REHEARSAL: _____

LOCATION: _____

TIME START / END: _____

ATTENDANCE

NO SHOWS: _____

_____

EXCUSED ABSENCE: _____

_____

PARTICIPATION

BEST PARTICIPANT & REASON: _____

WORST PARTICIPANT & REASON: _____

OVERALL FOCUS

WHAT NEEDS WORK: _____

WHAT WORKED: _____

WHAT NEEDS CHANGING: _____

INDIVIDUAL HELP NEEDED FOR: _____

_____

_____

INSPIRATION OF THE DAY: _____

_____

DATE: _____

PRACTICE OR REHEARSAL: _____

LOCATION: _____

TIME START / END: _____

ATTENDANCE

NO SHOWS: _____

_____

EXCUSED ABSENCE: _____

_____

PARTICIPATION

BEST PARTICIPANT & REASON: _____

WORST PARTICIPANT & REASON: _____

OVERALL FOCUS

WHAT NEEDS WORK: _____

WHAT WORKED: _____

WHAT NEEDS CHANGING: _____

INDIVIDUAL HELP NEEDED FOR: _____

_____

_____

INSPIRATION OF THE DAY: _____

_____

DATE: _____

PRACTICE OR REHEARSAL: _____

LOCATION: _____

TIME START / END: _____

ATTENDANCE

NO SHOWS: _____

_____

EXCUSED ABSENCE: _____

_____

PARTICIPATION

BEST PARTICIPANT & REASON: _____

WORST PARTICIPANT & REASON: _____

OVERALL FOCUS

WHAT NEEDS WORK: _____

WHAT WORKED: _____

WHAT NEEDS CHANGING: _____

INDIVIDUAL HELP NEEDED FOR: _____

_____

_____

INSPIRATION OF THE DAY: _____

_____

DATE: _____

PRACTICE OR REHEARSAL: _____

LOCATION: _____

TIME START / END: _____

ATTENDANCE

NO SHOWS: _____

_____

EXCUSED ABSENCE: _____

_____

PARTICIPATION

BEST PARTICIPANT & REASON: _____

WORST PARTICIPANT & REASON: _____

OVERALL FOCUS

WHAT NEEDS WORK: _____

WHAT WORKED: _____

WHAT NEEDS CHANGING: _____

INDIVIDUAL HELP NEEDED FOR: _____

_____

_____

INSPIRATION OF THE DAY: _____

_____

DATE: _____

PRACTICE OR REHEARSAL: _____

LOCATION: _____

TIME START / END: _____

ATTENDANCE

NO SHOWS: _____

_____

EXCUSED ABSENCE: _____

_____

PARTICIPATION

BEST PARTICIPANT & REASON: _____

WORST PARTICIPANT & REASON: _____

OVERALL FOCUS

WHAT NEEDS WORK: _____

WHAT WORKED: _____

WHAT NEEDS CHANGING: _____

INDIVIDUAL HELP NEEDED FOR: _____

_____

_____

INSPIRATION OF THE DAY: _____

_____

DATE: _____

PRACTICE OR REHEARSAL: _____
LOCATION: _____
TIME START / END: _____

ATTENDANCE

NO SHOWS: _____

_____

EXCUSED ABSENCE: _____

_____

PARTICIPATION

BEST PARTICIPANT & REASON: _____
WORST PARTICIPANT & REASON: _____

OVERALL FOCUS

WHAT NEEDS WORK: _____

WHAT WORKED: _____

WHAT NEEDS CHANGING: _____

INDIVIDUAL HELP NEEDED FOR: _____

_____

_____

INSPIRATION OF THE DAY: _____

_____

DATE: _____

PRACTICE OR REHEARSAL: _____

LOCATION: _____

TIME START / END: _____

ATTENDANCE

NO SHOWS: _____

_____

EXCUSED ABSENCE: _____

_____

PARTICIPATION

BEST PARTICIPANT & REASON: _____

WORST PARTICIPANT & REASON: _____

OVERALL FOCUS

WHAT NEEDS WORK: _____

WHAT WORKED: _____

WHAT NEEDS CHANGING: _____

INDIVIDUAL HELP NEEDED FOR: _____

_____

_____

INSPIRATION OF THE DAY: _____

_____

DATE: _____

PRACTICE OR REHEARSAL: _____

LOCATION: _____

TIME START / END: _____

ATTENDANCE

NO SHOWS: _____

_____

EXCUSED ABSENCE: _____

_____

PARTICIPATION

BEST PARTICIPANT & REASON: _____

WORST PARTICIPANT & REASON: _____

OVERALL FOCUS

WHAT NEEDS WORK: _____

WHAT WORKED: _____

WHAT NEEDS CHANGING: _____

INDIVIDUAL HELP NEEDED FOR: _____

_____

_____

INSPIRATION OF THE DAY: _____

_____

DATE: _____

PRACTICE OR REHEARSAL: _____

LOCATION: _____

TIME START / END: _____

ATTENDANCE

NO SHOWS: _____

_____

EXCUSED ABSENCE: _____

_____

PARTICIPATION

BEST PARTICIPANT & REASON: _____

WORST PARTICIPANT & REASON: _____

OVERALL FOCUS

WHAT NEEDS WORK: _____

WHAT WORKED: _____

WHAT NEEDS CHANGING: _____

INDIVIDUAL HELP NEEDED FOR: _____

_____

_____

INSPIRATION OF THE DAY: _____

_____

DATE: _____

PRACTICE OR REHEARSAL: _____

LOCATION: _____

TIME START / END: _____

ATTENDANCE

NO SHOWS: _____

_____

EXCUSED ABSENCE: _____

_____

PARTICIPATION

BEST PARTICIPANT & REASON: _____

WORST PARTICIPANT & REASON: _____

OVERALL FOCUS

WHAT NEEDS WORK: _____

WHAT WORKED: _____

WHAT NEEDS CHANGING: _____

INDIVIDUAL HELP NEEDED FOR: _____

_____

_____

INSPIRATION OF THE DAY: _____

_____

DATE: _____

PRACTICE OR REHEARSAL: _____

LOCATION: _____

TIME START / END: _____

ATTENDANCE

NO SHOWS: _____

_____

EXCUSED ABSENCE: _____

_____

PARTICIPATION

BEST PARTICIPANT & REASON: _____

WORST PARTICIPANT & REASON: _____

OVERALL FOCUS

WHAT NEEDS WORK: _____

WHAT WORKED: _____

WHAT NEEDS CHANGING: _____

INDIVIDUAL HELP NEEDED FOR: _____

_____

_____

INSPIRATION OF THE DAY: _____

_____

DATE: _____

PRACTICE OR REHEARSAL: _____

LOCATION: _____

TIME START / END: _____

ATTENDANCE

NO SHOWS: _____

_____

EXCUSED ABSENCE: _____

_____

PARTICIPATION

BEST PARTICIPANT & REASON: _____

WORST PARTICIPANT & REASON: _____

OVERALL FOCUS

WHAT NEEDS WORK: _____

WHAT WORKED: _____

WHAT NEEDS CHANGING: _____

INDIVIDUAL HELP NEEDED FOR: _____

_____

_____

INSPIRATION OF THE DAY: _____

_____

DATE: _____

PRACTICE OR REHEARSAL: _____

LOCATION: _____

TIME START / END: _____

ATTENDANCE

NO SHOWS: _____

_____

EXCUSED ABSENCE: _____

_____

PARTICIPATION

BEST PARTICIPANT & REASON: _____

WORST PARTICIPANT & REASON: _____

OVERALL FOCUS

WHAT NEEDS WORK: _____

WHAT WORKED: _____

WHAT NEEDS CHANGING: _____

INDIVIDUAL HELP NEEDED FOR: _____

_____

_____

INSPIRATION OF THE DAY: _____

_____

DATE: _____

PRACTICE OR REHEARSAL: _____

LOCATION: _____

TIME START / END: _____

ATTENDANCE

NO SHOWS: _____

_____

EXCUSED ABSENCE: _____

_____

PARTICIPATION

BEST PARTICIPANT & REASON: _____

WORST PARTICIPANT & REASON: _____

OVERALL FOCUS

WHAT NEEDS WORK: _____

WHAT WORKED: _____

WHAT NEEDS CHANGING: _____

INDIVIDUAL HELP NEEDED FOR: _____

_____

_____

INSPIRATION OF THE DAY: _____

_____

DATE: _____

PRACTICE OR REHEARSAL: _____

LOCATION: _____

TIME START / END: _____

ATTENDANCE

NO SHOWS: _____

_____

EXCUSED ABSENCE: _____

_____

PARTICIPATION

BEST PARTICIPANT & REASON: _____

WORST PARTICIPANT & REASON: _____

OVERALL FOCUS

WHAT NEEDS WORK: _____

WHAT WORKED: _____

WHAT NEEDS CHANGING: _____

INDIVIDUAL HELP NEEDED FOR: _____

_____

_____

INSPIRATION OF THE DAY: _____

_____

DATE: _____

PRACTICE OR REHEARSAL: _____

LOCATION: _____

TIME START / END: _____

ATTENDANCE

NO SHOWS: _____

_____

EXCUSED ABSENCE: _____

_____

PARTICIPATION

BEST PARTICIPANT & REASON: _____

WORST PARTICIPANT & REASON: _____

OVERALL FOCUS

WHAT NEEDS WORK: _____

WHAT WORKED: _____

WHAT NEEDS CHANGING: _____

INDIVIDUAL HELP NEEDED FOR: _____

_____

_____

INSPIRATION OF THE DAY: _____

_____

DATE: _____

PRACTICE OR REHEARSAL: _____

LOCATION: _____

TIME START / END: _____

ATTENDANCE

NO SHOWS: _____

_____

EXCUSED ABSENCE: _____

_____

PARTICIPATION

BEST PARTICIPANT & REASON: _____

WORST PARTICIPANT & REASON: _____

OVERALL FOCUS

WHAT NEEDS WORK: _____

WHAT WORKED: _____

WHAT NEEDS CHANGING: _____

INDIVIDUAL HELP NEEDED FOR: _____

_____

_____

INSPIRATION OF THE DAY: _____

_____

DATE: _____

PRACTICE OR REHEARSAL: _____

LOCATION: _____

TIME START / END: _____

ATTENDANCE

NO SHOWS: _____

_____

EXCUSED ABSENCE: _____

_____

PARTICIPATION

BEST PARTICIPANT & REASON: _____

WORST PARTICIPANT & REASON: _____

OVERALL FOCUS

WHAT NEEDS WORK: _____

WHAT WORKED: _____

WHAT NEEDS CHANGING: _____

INDIVIDUAL HELP NEEDED FOR: _____

_____

_____

INSPIRATION OF THE DAY: _____

_____

DATE: _____

PRACTICE OR REHEARSAL: _____

LOCATION: _____

TIME START / END: _____

ATTENDANCE

NO SHOWS: _____

_____

EXCUSED ABSENCE: _____

_____

PARTICIPATION

BEST PARTICIPANT & REASON: _____

WORST PARTICIPANT & REASON: _____

OVERALL FOCUS

WHAT NEEDS WORK: _____

WHAT WORKED: _____

WHAT NEEDS CHANGING: _____

INDIVIDUAL HELP NEEDED FOR: _____

_____

_____

INSPIRATION OF THE DAY: _____

_____

DATE: _____

PRACTICE OR REHEARSAL: _____

LOCATION: _____

TIME START / END: _____

ATTENDANCE

NO SHOWS: _____

_____

EXCUSED ABSENCE: _____

_____

PARTICIPATION

BEST PARTICIPANT & REASON: _____

WORST PARTICIPANT & REASON: _____

OVERALL FOCUS

WHAT NEEDS WORK: _____

WHAT WORKED: _____

WHAT NEEDS CHANGING: _____

INDIVIDUAL HELP NEEDED FOR: _____

_____

_____

INSPIRATION OF THE DAY: _____

_____

DATE: _____

PRACTICE OR REHEARSAL: _____
LOCATION: _____
TIME START / END: _____

ATTENDANCE

NO SHOWS: _____

_____

EXCUSED ABSENCE: _____

_____

PARTICIPATION

BEST PARTICIPANT & REASON: _____
WORST PARTICIPANT & REASON: _____

OVERALL FOCUS

WHAT NEEDS WORK: _____
WHAT WORKED: _____
WHAT NEEDS CHANGING: _____
INDIVIDUAL HELP NEEDED FOR: _____

_____

_____

INSPIRATION OF THE DAY: _____

_____

DATE: _____

PRACTICE OR REHEARSAL: _____

LOCATION: _____

TIME START / END: _____

ATTENDANCE

NO SHOWS: _____

_____

EXCUSED ABSENCE: _____

_____

PARTICIPATION

BEST PARTICIPANT & REASON: _____

WORST PARTICIPANT & REASON: _____

OVERALL FOCUS

WHAT NEEDS WORK: _____

WHAT WORKED: _____

WHAT NEEDS CHANGING: _____

INDIVIDUAL HELP NEEDED FOR: _____

_____

_____

INSPIRATION OF THE DAY: _____

_____

DATE: _____

PRACTICE OR REHEARSAL: _____

LOCATION: _____

TIME START / END: _____

ATTENDANCE

NO SHOWS: _____

_____

EXCUSED ABSENCE: _____

_____

PARTICIPATION

BEST PARTICIPANT & REASON: _____

WORST PARTICIPANT & REASON: _____

OVERALL FOCUS

WHAT NEEDS WORK: _____

WHAT WORKED: _____

WHAT NEEDS CHANGING: _____

INDIVIDUAL HELP NEEDED FOR: _____

_____

_____

INSPIRATION OF THE DAY: _____

_____

DATE: _____

PRACTICE OR REHEARSAL: _____

LOCATION: _____

TIME START / END: _____

ATTENDANCE

NO SHOWS: _____

_____

EXCUSED ABSENCE: _____

_____

PARTICIPATION

BEST PARTICIPANT & REASON: _____

WORST PARTICIPANT & REASON: _____

OVERALL FOCUS

WHAT NEEDS WORK: _____

WHAT WORKED: _____

WHAT NEEDS CHANGING: _____

INDIVIDUAL HELP NEEDED FOR: _____

_____

_____

INSPIRATION OF THE DAY: _____

_____

DATE: _____

PRACTICE OR REHEARSAL: _____

LOCATION: _____

TIME START / END: _____

ATTENDANCE

NO SHOWS: _____

_____

EXCUSED ABSENCE: _____

_____

PARTICIPATION

BEST PARTICIPANT & REASON: _____

WORST PARTICIPANT & REASON: _____

OVERALL FOCUS

WHAT NEEDS WORK: _____

WHAT WORKED: _____

WHAT NEEDS CHANGING: _____

INDIVIDUAL HELP NEEDED FOR: _____

_____

_____

INSPIRATION OF THE DAY: _____

_____

DATE: _____

PRACTICE OR REHEARSAL: _____

LOCATION: _____

TIME START / END: _____

ATTENDANCE

NO SHOWS: _____

_____

EXCUSED ABSENCE: _____

_____

PARTICIPATION

BEST PARTICIPANT & REASON: _____

WORST PARTICIPANT & REASON: _____

OVERALL FOCUS

WHAT NEEDS WORK: _____

WHAT WORKED: _____

WHAT NEEDS CHANGING: _____

INDIVIDUAL HELP NEEDED FOR: _____

_____

_____

INSPIRATION OF THE DAY: _____

_____

DATE: _____

PRACTICE OR REHEARSAL: _____

LOCATION: _____

TIME START / END: _____

ATTENDANCE

NO SHOWS: _____

_____

EXCUSED ABSENCE: _____

_____

PARTICIPATION

BEST PARTICIPANT & REASON: _____

WORST PARTICIPANT & REASON: _____

OVERALL FOCUS

WHAT NEEDS WORK: _____

WHAT WORKED: _____

WHAT NEEDS CHANGING: _____

INDIVIDUAL HELP NEEDED FOR: _____

_____

_____

INSPIRATION OF THE DAY: _____

_____

DATE: _____

PRACTICE OR REHEARSAL: _____

LOCATION: _____

TIME START / END: _____

ATTENDANCE

NO SHOWS: _____

_____

EXCUSED ABSENCE: _____

_____

PARTICIPATION

BEST PARTICIPANT & REASON: _____

WORST PARTICIPANT & REASON: _____

OVERALL FOCUS

WHAT NEEDS WORK: _____

WHAT WORKED: _____

WHAT NEEDS CHANGING: _____

INDIVIDUAL HELP NEEDED FOR: _____

_____

_____

INSPIRATION OF THE DAY: _____

_____

DATE: _____

PRACTICE OR REHEARSAL: _____

LOCATION: _____

TIME START / END: _____

ATTENDANCE

NO SHOWS: _____

_____

EXCUSED ABSENCE: _____

_____

PARTICIPATION

BEST PARTICIPANT & REASON: _____

WORST PARTICIPANT & REASON: _____

OVERALL FOCUS

WHAT NEEDS WORK: _____

WHAT WORKED: _____

WHAT NEEDS CHANGING: _____

INDIVIDUAL HELP NEEDED FOR: _____

_____

_____

INSPIRATION OF THE DAY: _____

_____

DATE: _____

PRACTICE OR REHEARSAL: _____

LOCATION: _____

TIME START / END: _____

ATTENDANCE

NO SHOWS: _____

_____

EXCUSED ABSENCE: _____

_____

PARTICIPATION

BEST PARTICIPANT & REASON: _____

WORST PARTICIPANT & REASON: _____

OVERALL FOCUS

WHAT NEEDS WORK: _____

WHAT WORKED: _____

WHAT NEEDS CHANGING: _____

INDIVIDUAL HELP NEEDED FOR: _____

_____

_____

INSPIRATION OF THE DAY: _____

_____

DATE: _____

PRACTICE OR REHEARSAL: _____

LOCATION: _____

TIME START / END: _____

ATTENDANCE

NO SHOWS: _____

_____

EXCUSED ABSENCE: _____

_____

PARTICIPATION

BEST PARTICIPANT & REASON: _____

WORST PARTICIPANT & REASON: _____

OVERALL FOCUS

WHAT NEEDS WORK: _____

WHAT WORKED: _____

WHAT NEEDS CHANGING: _____

INDIVIDUAL HELP NEEDED FOR: _____

_____

_____

INSPIRATION OF THE DAY: _____

_____

DATE: _____

PRACTICE OR REHEARSAL: _____

LOCATION: _____

TIME START / END: _____

ATTENDANCE

NO SHOWS: _____

_____

EXCUSED ABSENCE: _____

_____

PARTICIPATION

BEST PARTICIPANT & REASON: _____

WORST PARTICIPANT & REASON: _____

OVERALL FOCUS

WHAT NEEDS WORK: _____

WHAT WORKED: _____

WHAT NEEDS CHANGING: _____

INDIVIDUAL HELP NEEDED FOR: _____

_____

_____

INSPIRATION OF THE DAY: _____

_____

DATE: _____

PRACTICE OR REHEARSAL: _____

LOCATION: _____

TIME START / END: _____

ATTENDANCE

NO SHOWS: _____

_____

EXCUSED ABSENCE: _____

_____

PARTICIPATION

BEST PARTICIPANT & REASON: _____

WORST PARTICIPANT & REASON: _____

OVERALL FOCUS

WHAT NEEDS WORK: _____

WHAT WORKED: _____

WHAT NEEDS CHANGING: _____

INDIVIDUAL HELP NEEDED FOR: _____

_____

_____

INSPIRATION OF THE DAY: _____

_____

DATE: _____

PRACTICE OR REHEARSAL: _____

LOCATION: _____

TIME START / END: _____

ATTENDANCE

NO SHOWS: _____

_____

EXCUSED ABSENCE: _____

_____

PARTICIPATION

BEST PARTICIPANT & REASON: _____

WORST PARTICIPANT & REASON: _____

OVERALL FOCUS

WHAT NEEDS WORK: _____

WHAT WORKED: _____

WHAT NEEDS CHANGING: _____

INDIVIDUAL HELP NEEDED FOR: _____

_____

_____

INSPIRATION OF THE DAY: _____

_____

DATE: _____

PRACTICE OR REHEARSAL: _____

LOCATION: _____

TIME START / END: _____

ATTENDANCE

NO SHOWS: _____

_____

EXCUSED ABSENCE: _____

_____

PARTICIPATION

BEST PARTICIPANT & REASON: _____

WORST PARTICIPANT & REASON: _____

OVERALL FOCUS

WHAT NEEDS WORK: _____

WHAT WORKED: _____

WHAT NEEDS CHANGING: _____

INDIVIDUAL HELP NEEDED FOR: _____

_____

_____

INSPIRATION OF THE DAY: _____

_____

DATE: _____

PRACTICE OR REHEARSAL: _____

LOCATION: _____

TIME START / END: _____

ATTENDANCE

NO SHOWS: _____

_____

EXCUSED ABSENCE: _____

_____

PARTICIPATION

BEST PARTICIPANT & REASON: _____

WORST PARTICIPANT & REASON: _____

OVERALL FOCUS

WHAT NEEDS WORK: _____

WHAT WORKED: _____

WHAT NEEDS CHANGING: _____

INDIVIDUAL HELP NEEDED FOR: _____

_____

_____

INSPIRATION OF THE DAY: _____

_____

DATE: _____

PRACTICE OR REHEARSAL: _____

LOCATION: _____

TIME START / END: _____

ATTENDANCE

NO SHOWS: _____

_____

EXCUSED ABSENCE: _____

_____

PARTICIPATION

BEST PARTICIPANT & REASON: _____

WORST PARTICIPANT & REASON: _____

OVERALL FOCUS

WHAT NEEDS WORK: _____

WHAT WORKED: _____

WHAT NEEDS CHANGING: _____

INDIVIDUAL HELP NEEDED FOR: _____

_____

_____

INSPIRATION OF THE DAY: _____

_____

DATE: _____

PRACTICE OR REHEARSAL: _____

LOCATION: _____

TIME START / END: _____

ATTENDANCE

NO SHOWS: _____

_____

EXCUSED ABSENCE: _____

_____

PARTICIPATION

BEST PARTICIPANT & REASON: _____

WORST PARTICIPANT & REASON: _____

OVERALL FOCUS

WHAT NEEDS WORK: _____

WHAT WORKED: _____

WHAT NEEDS CHANGING: _____

INDIVIDUAL HELP NEEDED FOR: _____

_____

_____

INSPIRATION OF THE DAY: _____

_____

DATE: _____

PRACTICE OR REHEARSAL: _____

LOCATION: _____

TIME START / END: _____

ATTENDANCE

NO SHOWS: _____

_____

EXCUSED ABSENCE: _____

_____

PARTICIPATION

BEST PARTICIPANT & REASON: _____

WORST PARTICIPANT & REASON: _____

OVERALL FOCUS

WHAT NEEDS WORK: _____

WHAT WORKED: _____

WHAT NEEDS CHANGING: _____

INDIVIDUAL HELP NEEDED FOR: _____

_____

_____

INSPIRATION OF THE DAY: _____

_____

DATE: _____

PRACTICE OR REHEARSAL: _____

LOCATION: _____

TIME START / END: _____

ATTENDANCE

NO SHOWS: _____

_____

EXCUSED ABSENCE: _____

_____

PARTICIPATION

BEST PARTICIPANT & REASON: _____

WORST PARTICIPANT & REASON: _____

OVERALL FOCUS

WHAT NEEDS WORK: _____

WHAT WORKED: _____

WHAT NEEDS CHANGING: _____

INDIVIDUAL HELP NEEDED FOR: _____

_____

_____

INSPIRATION OF THE DAY: _____

_____

DATE: _____

PRACTICE OR REHEARSAL: _____

LOCATION: _____

TIME START / END: _____

ATTENDANCE

NO SHOWS: _____

_____

EXCUSED ABSENCE: _____

_____

PARTICIPATION

BEST PARTICIPANT & REASON: _____

WORST PARTICIPANT & REASON: _____

OVERALL FOCUS

WHAT NEEDS WORK: _____

WHAT WORKED: _____

WHAT NEEDS CHANGING: _____

INDIVIDUAL HELP NEEDED FOR: _____

_____

_____

INSPIRATION OF THE DAY: _____

_____

DATE: _____

PRACTICE OR REHEARSAL: _____

LOCATION: _____

TIME START / END: _____

ATTENDANCE

NO SHOWS: _____

_____

EXCUSED ABSENCE: _____

_____

PARTICIPATION

BEST PARTICIPANT & REASON: _____

WORST PARTICIPANT & REASON: _____

OVERALL FOCUS

WHAT NEEDS WORK: _____

WHAT WORKED: _____

WHAT NEEDS CHANGING: _____

INDIVIDUAL HELP NEEDED FOR: _____

_____

_____

INSPIRATION OF THE DAY: _____

_____

DATE: _____

PRACTICE OR REHEARSAL: _____

LOCATION: _____

TIME START / END: _____

ATTENDANCE

NO SHOWS: _____

_____

EXCUSED ABSENCE: _____

_____

PARTICIPATION

BEST PARTICIPANT & REASON: _____

WORST PARTICIPANT & REASON: _____

OVERALL FOCUS

WHAT NEEDS WORK: _____

WHAT WORKED: _____

WHAT NEEDS CHANGING: _____

INDIVIDUAL HELP NEEDED FOR: _____

_____

_____

INSPIRATION OF THE DAY: _____

_____

DATE: _____

PRACTICE OR REHEARSAL: _____

LOCATION: _____

TIME START / END: _____

ATTENDANCE

NO SHOWS: _____

_____

EXCUSED ABSENCE: _____

_____

PARTICIPATION

BEST PARTICIPANT & REASON: _____

WORST PARTICIPANT & REASON: _____

OVERALL FOCUS

WHAT NEEDS WORK: _____

WHAT WORKED: _____

WHAT NEEDS CHANGING: _____

INDIVIDUAL HELP NEEDED FOR: _____

_____

_____

INSPIRATION OF THE DAY: _____

_____

DATE: _____

PRACTICE OR REHEARSAL: _____

LOCATION: _____

TIME START / END: _____

ATTENDANCE

NO SHOWS: _____

_____

EXCUSED ABSENCE: _____

_____

PARTICIPATION

BEST PARTICIPANT & REASON: _____

WORST PARTICIPANT & REASON: _____

OVERALL FOCUS

WHAT NEEDS WORK: _____

WHAT WORKED: _____

WHAT NEEDS CHANGING: _____

INDIVIDUAL HELP NEEDED FOR: _____

_____

_____

INSPIRATION OF THE DAY: _____

_____

DATE: _____

PRACTICE OR REHEARSAL: _____

LOCATION: _____

TIME START / END: _____

ATTENDANCE

NO SHOWS: _____

_____

EXCUSED ABSENCE: _____

_____

PARTICIPATION

BEST PARTICIPANT & REASON: _____

WORST PARTICIPANT & REASON: _____

OVERALL FOCUS

WHAT NEEDS WORK: _____

WHAT WORKED: _____

WHAT NEEDS CHANGING: _____

INDIVIDUAL HELP NEEDED FOR: _____

_____

_____

INSPIRATION OF THE DAY: _____

_____

END OF SEASON NOTES:

_____

_____

_____

_____

_____

_____

_____

_____

_____

_____

_____

_____

_____

_____

_____

_____

_____

_____

COACHES LIKE YOU ARE WHAT MAKE

CHEERLEADING GREAT! SEE YOU NEXT SEASON!

Made in United States
Orlando, FL
23 June 2025